DELANTEROS Y BUFANDAS

Entre bastidores
del día del partido de fútbol

de Thomas Kingsley Troupe

CAPSTONE PRESS
a capstone imprint

Publicado por Spark, una impresión de Capstone
1710 Roe Crest Drive, North Mankato, Minnesota 56003
capstonepub.com

Copyright © 2025 por Spark. Todos los derechos reservados. Ninguna parte de esta publicación puede reproducirse total o parcialmente, ni almacenarse en un sistema de recuperación, ni transmitirse de ninguna forma ni por ningún medio, electrónico, mecánico, fotocopia, grabación o de otro tipo, sin el permiso por escrito del editor.

SPORTS ILLUSTRATED KIDS es una marca comercial de ABG-SI LLC. Utilizada con permiso.

Los datos de catalogación en publicación de la Biblioteca del Congreso están disponibles en el sitio web de la Biblioteca del Congreso.

ISBN: 9781669089896 (tapa dura)
ISBN: 9781669089841 (rústica)
ISBN: 9781669089858 (libro electrónico PDF)

Resumen: ¿Crees que un partido de fútbol comienza con el saque inicial? ¡Piensa otra vez! En este libro de Sports Illustrated Kids, irás detrás de escena de un día de partido típico en el fútbol profesional: desde la preparación del campo y la limpieza de los zapatos hasta los acompañantes de los jugadores y el intercambio de camisetas. Este libro trepidante y lleno de datos brindará a los fanáticos del fútbol, jóvenes y mayores, una perspectiva completamente nueva sobre las grandes ligas de fútbol.

Créditos editoriales
Editor: Donald Lemke; Diseñadora: Tracy Davies; Investigadora de medios: Svetlana Zhurkin; Especialista en producción: Katy LaVigne

Traducido al idioma español por U.S. Translation Company

Créditos de las imágenes
Associated Press: dpa/picture-alliance/Michael Deines, 16, Icon Sportswire, 23, Michael Probst, 19; Getty Images: AFP/Franck Fife, 17, Alex Broadway, 18, Alex Livesey, 8, Alex Morton, 11, Clive Mason, 12, Emilee Chinn, 4, George Wood, 7, Laurence Griffiths, 14, 20, Lionel Ng, 24, majorosl, 6, Mike Hewitt, 10, Naomi Baker, 27, Pool/Axel Heimken, 15, Pool/Carl Recine, 21, Pool/Julio Muñoz, 9, Shaun Botterill, 26; Shutterstock: alphaspirit, portada (abajo a la izquierda), Arina P. Habich, 29 (atrás), Damix, portada (abajo a la derecha), Di-mon, 29 (arriba), Dziurek, 5, Gyuszko-Photo, portada (abajo en medio), irin-k, portada (arriba a la derecha), 1, littlewoody, 13, Paolo Bona, 22, Ron Dale (fondo), portada, contraportada, Vasyl Shulga, portada (arriba); Sports Illustrated: Erick W. Rasco, 25

Capstone no mantiene, autoriza ni patrocina los sitios web y recursos adicionales a los que se hace referencia en este libro. Todos los nombres de productos y empresas son marcas comerciales™ o marcas comerciales registradas® de sus respectivos propietarios.

TABLA DE CONTENIDO

Es hora del fútbol 4

Preparación del campo de juego 6

La experiencia
de los aficionados.......................... 10

Alta tecnología 14

Oficiales y atletas 20

¡El partido comienza! 24

Planifica tu día de juego 28

    Glosario..................................30

    Acerca del autor 31

    Índice 32

Las palabras en **negritas** están en el glosario.

ES HORA DEL FÚTBOL

La multitud ruge mientras el balón se dispara campo abajo. El delantero controla el balón, atravesando a los defensores. En el rango de puntuación, alinean un tiro y . . . ¡GOL!

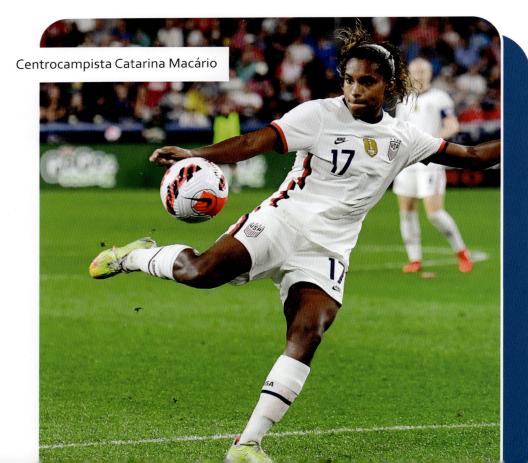

Centrocampista Catarina Macário

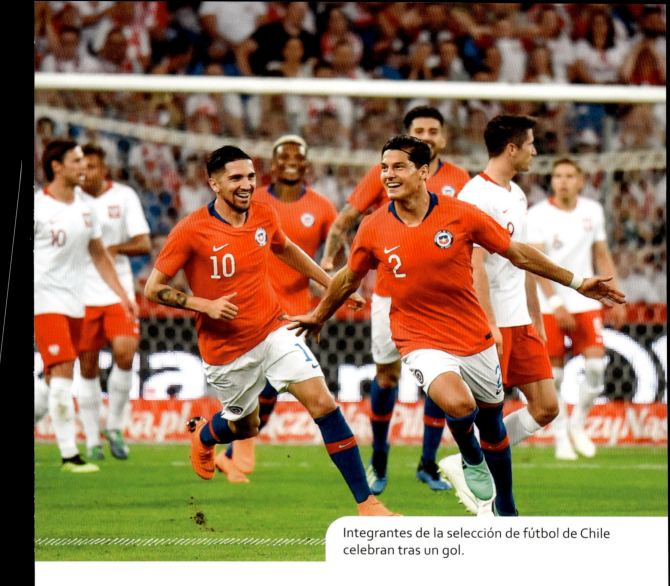

Integrantes de la selección de fútbol de Chile celebran tras un gol.

Los partidos de fútbol profesional son emocionantes. Mucha gente trabaja duro para darle vida a estos eventos de ritmo rápido. ¡Aprieta tus **tacos**! ¡Es el día del partido de fútbol!

PREPARACIÓN DEL CAMPO DE JUEGO

No hay partido de fútbol sin el campo de juego, o cancha. Los jardineros mantienen el césped en los **estadios** cubiertos y al aire libre. Se aseguran de que el césped esté cortado y enrollado.

Una cubierta protege el césped del estadio Elland Road en Leed, Inglaterra.

El césped no debe medir más de 0,8 a 1,36 pulgadas (20 a 35 milímetros). La medida adecuada permite que los balones de fútbol se muevan a mayor velocidad. Las cubiertas ayudan a evitar que el césped se congele.

HECHO

En muchos países del mundo, un campo de fútbol se llama cancha. La definición británica de la palabra en inglés "pitch", o cancha, es "un campo de juego".

Las líneas de un campo de fútbol se pintan semanalmente durante la temporada. Para los partidos profesionales, suelen recibir dos capas. Esto ayuda a que las líneas se destaquen.

Las porterías de fútbol son una parte importante del juego. La red está unida a los postes y al travesaño. Las redes desgastadas son reemplazadas rápidamente.

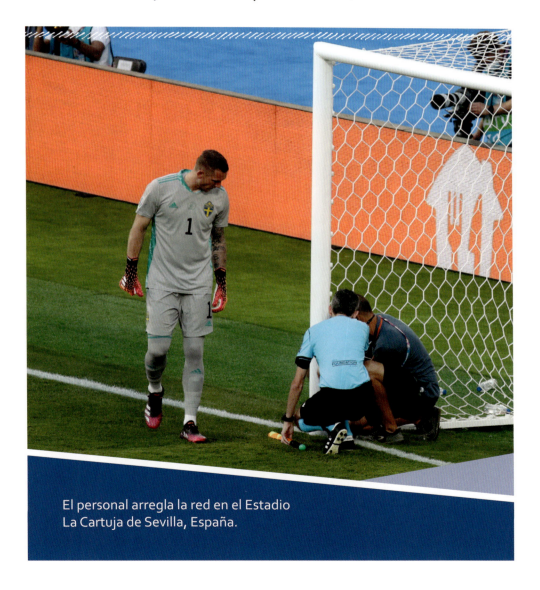

El personal arregla la red en el Estadio La Cartuja de Sevilla, España.

LA EXPERIENCIA DE LOS AFICIONADOS

Una de las partes más importantes de un partido de fútbol son los aficionados. La gente llena los estadios para ver a sus equipos favoritos. Las taquillas venden entradas para los juegos.

Los **vendedores** mantienen contentos a los aficionados hambrientos y sedientos. Algunos venden artículos directamente en las gradas. Esto permite que los aficionados sigan viendo el partido.

HECHO

El fútbol es fácilmente el deporte más popular del planeta. ¡Hay alrededor de 3 mil 500 millones de aficionados al fútbol en todo el mundo!

Los aficionados al fútbol se toman en serio su deporte. Muchos se visten con camisetas, ondean bufandas del equipo o incluso se pintan la cara. Animan a sus equipos hasta la victoria.

La mayoría de los estadios de fútbol tienen tiendas para vender **recuerdos** a los aficionados. Los comerciantes se aseguran de tener suficientes artículos para vender antes y después del partido.

ALTA TECNOLOGÍA

Para acercar el partido a los aficionados, los estadios de fútbol dependen de la **tecnología**. Los marcadores muestran la puntuación y el tiempo restante. Algunos tienen pantallas incorporadas para que los aficionados puedan ver de cerca la acción.

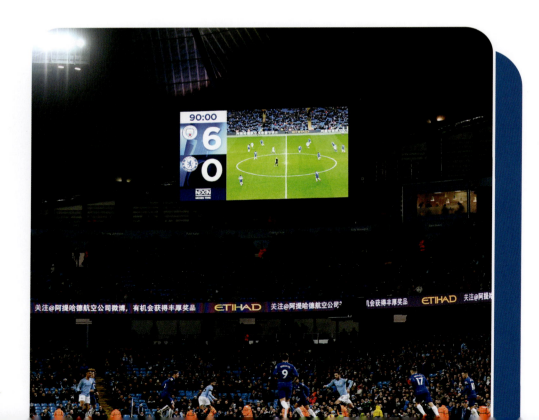

Los **técnicos** del estadio verifican que todo funcione como debería. Harán reparaciones cuando sea necesario antes del gran partido.

Un sistema de megafonía ayuda a los aficionados a saber lo que está sucediendo en el campo. Permite a los **locutores** hablar con la multitud.

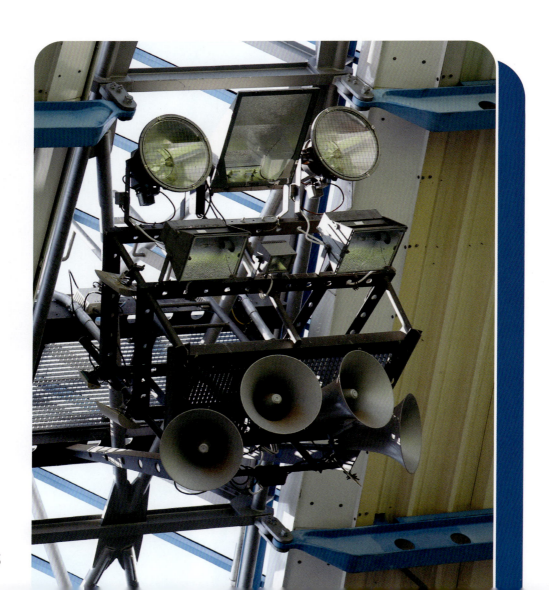

Los trabajadores realizan comprobaciones del sistema antes de cada partido. Los técnicos de sonido quieren asegurarse de que el sonido sea nítido, claro y lo suficientemente alto.

No es posible que todo el mundo vea el juego en persona. Los equipos de cámara capturan el juego para que los espectadores puedan animar a su equipo desde casa. Instalan muchas cámaras y prueban sus equipos antes del inicio.

Dado que el fútbol es amado en todo el mundo, las emisoras envían sus vídeos a **satélites**. Desde allí, el partido de fútbol se envía a televisores y computadoras en todas partes.

OFICIALES Y ATLETAS

En el campo, los árbitros se aseguran de que todo está listo para el partido. Comprueban que los balones de fútbol estén inflados al tamaño correcto. Los árbitros también revisan las redes y el campo.

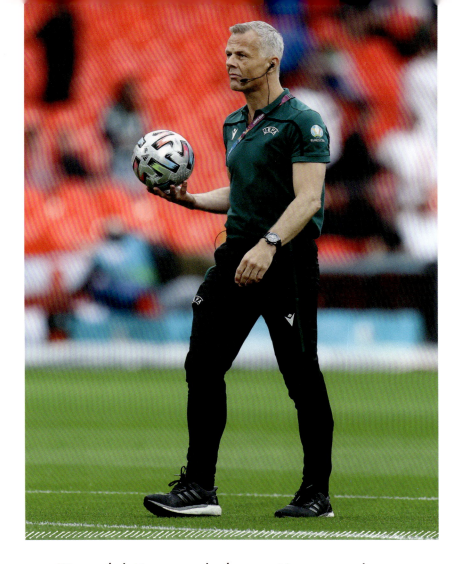

Si un árbitro ve algún motivo por el que el partido no debería comenzar, puede **posponerlo** o cancelarlo.

HECHO

Puede que el árbitro principal de un partido de fútbol tenga que correr tanto o más que los jugadores. ¡Corren un promedio de 6 a 8 millas (9,7 a 12,9 kilómetros) por partido!

¡Los fanáticos del fútbol pueden llegar a emocionarse mucho! Un equipo de seguridad se asegura de que todos sigan las reglas fuera del campo. Buscan cualquier señal de problemas.

En el vestuario, los jugadores de ambos equipos se preparan. Se ponen sus uniformes y equipo. Escuchan a sus entrenadores.

Vestuario del D.C. United

¡EL PARTIDO COMIENZA!

Cuando todo está listo, se abren las puertas del estadio. Las entradas están vendidas. Los aficionados compran comida y bebidas. Encuentran el camino hacia sus asientos.

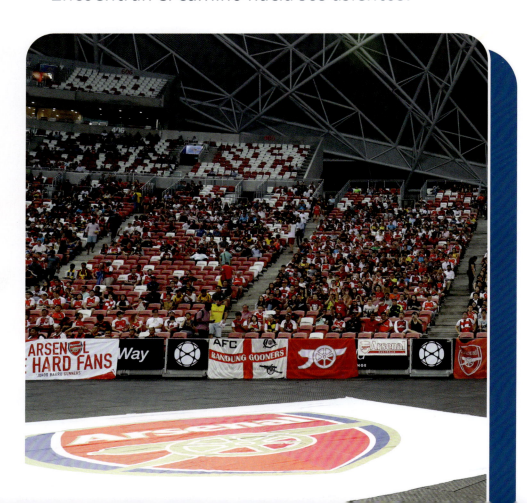

Las jugadoras de la selección nacional femenina de fútbol de Estados Unidos posan con jóvenes aficionados antes de un partido.

Los jugadores de cada equipo avanzan por el túnel hasta el campo. A veces a los jugadores se unen niños. ¡Es casi la hora del inicio!

HECHO

Las acompañantes infantiles son una tradición en el fútbol desde hace más de 20 años. Se pensó que las escoltas crearían conciencia sobre causas benéficas. También recuerdan a los aficionados que ayuden a hacer del mundo un lugar "apropiado para los niños".

En un estadio de fútbol suceden muchas cosas entre bastidores. Hay innumerables personas trabajando duro para asegurarse de que todo esté listo.

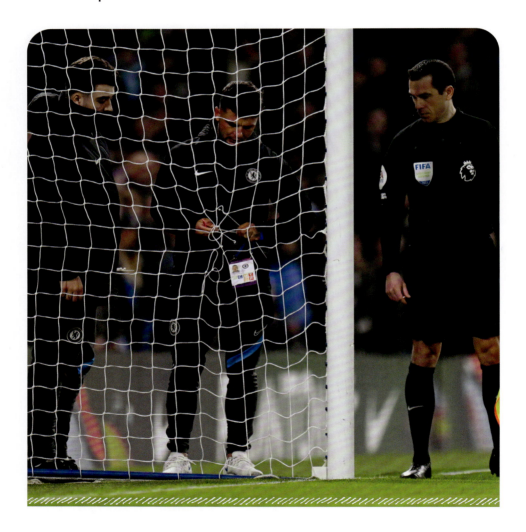

El jugador estrella de fútbol, Cristiano Ronaldo

Los aficionados prestan su atención principalmente en los jugadores estrella en el campo. Pero antes de que un atleta dé el primer tiro, ¡cientos de estrellas se aseguran de que llegue el día del partido!

PLANIFICA TU DÍA DE JUEGO

¿Quieres tener tu propio día de partido? Conviértete en una estrella detrás de escena en tu propio estadio, en tu propia casa. ¡Aquí hay algunas cosas que puedes hacer para que esto suceda!

- Diseña tus propios boletos y regálalos a tus amigos y familiares.
- Prepara muchos bocadillos. Incluye algo saludable junto con las delicias habituales del estadio.
- Decora con los banderines y colores del equipo. Haz carteles que tus amigos puedan mostrar y mover durante el partido.
- Pide a algunos invitados que se sienten en el "palco de prensa" y comenten sobre la acción que ocurre en el campo.
- Crea un baile alocado y vítores que tú y tus amigos pueden hacer cuando su equipo anota. ¡Asegúrate de gritar "GOOOOOOOOOOL" cada vez que el balón entre en la red!

GLOSARIO

estadio (es-TA-dio)—un edificio grande, generalmente sin techo, con filas de asientos para los espectadores en eventos deportivos modernos

locutor (lo-cu-TOR)—persona que describe y comenta la acción en un evento deportivo retransmitido

posponer (pos-po-NER)—aplazar un evento para más adelante

recuerdo (re-CUER-do)—algo que sirve para recordar algo

satélite (sa-TÉ-li-te)—objeto o vehículo creado por el hombre destinado a orbitar la Tierra

tacos (TA-cos)—zapatos equipados con puntas o puntos de apoyo de plástico o metal en las suelas para proporcionar tracción

técnico (TÉC-ni-co)—especialista en los detalles técnicos de un tema

tecnología (tec-no-lo-GÍA)—el uso de la ciencia para resolver problemas

vendedor (ven-de-DOR)—alguien que vende algo

ACERCA DEL AUTOR

Thomas Kingsley Troupe es el autor de una gran cantidad de libros para niños. Ha escrito sobre todo, desde fantasmas hasta Bigfoot y hombres lobo de tercer grado. Incluso escribió un libro sobre la mugre. Cuando no está escribiendo o leyendo, investiga lo extraño y espeluznante como parte de la Sociedad Paranormal de Twin Cities. Thomas vive en Woodbury, Minnesota, con sus dos hijos.

ÍNDICE

aficionados, 4, 10–13, 14, 16, 24, 27

árbitros, 20-21

bufandas, 12

campo de juego, 6-9
comida, 11, 24

equipos de cámara, 18
estadio, 16, 24, 26, 28

jardineros, 6-7

locutores, 16

marcador, 14

seguridad, 22

tecnología, 14-19

vendedores, 11
vestuario, 23